Ee

Maria Puchol

Abdo
EL ABECEDARIO
Kids

abdopublishing.com

Published by Abdo Kids, a division of ABDO, PO Box 398166, Minneapolis, Minnesota 55439.
Copyright © 2018 by Abdo Consulting Group, Inc. International copyrights reserved in all countries.
No part of this book may be reproduced in any form without written permission from the publisher.

Printed in the United States of America, North Mankato, Minnesota.

102017
012018

THIS BOOK CONTAINS
RECYCLED MATERIALS

Photo Credits: iStock, Shutterstock

Production Contributors: Teddy Borth, Jennie Forsberg, Grace Hansen

Design Contributors: Christina Doffing, Candice Keimig, Dorothy Toth

Publisher's Cataloging in Publication Data

Names: Puchol, Maria, author.

Title: Ee / by Maria Puchol.

Description: Minneapolis, Minnesota : Abdo Kids, 2018. | Series: El abecedario |
        Includes online resource and index.

Identifiers: LCCN 2017941874 | ISBN 9781532103049 (lib.bdg.) | ISBN 9781532103643 (ebook)

Subjects: LCSH: Alphabet--Juvenile literature. | Spanish language materials--Juvenile literature. |
        Language arts--Juvenile literature.

Classification: DDC 461.1--dc23

LC record available at https://lccn.loc.gov/2017941874

Contenido

La Ee

Esperanza **es** muy **espe**cial para **E**duardo.

La Ee

Elías empieza a sentirse enfermo.

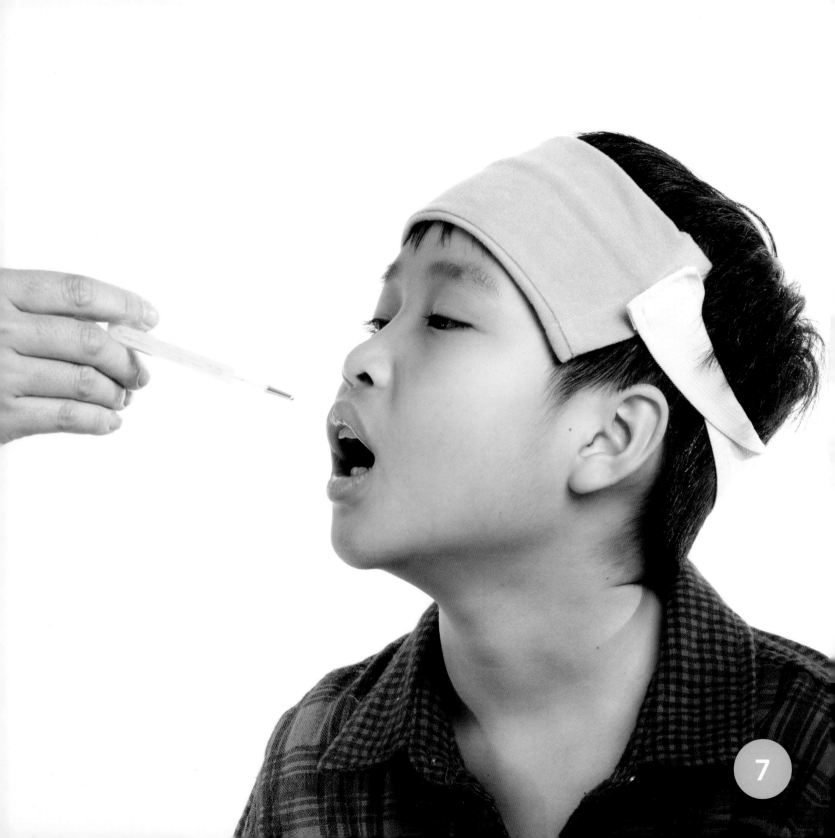

La Ee

En la **e**scu**e**la hay qu**e** **e**scuchar, **e**studiar y **e**scribir.

8

La Ee

Elena **ex**plica un **eje**mplo.

La Ee

El **e**uro **e**s **e**l din**e**ro

d**e** **E**uropa.

La Ee

Ernesto y Emilia envían su equipaje a España.

La Ee

Los amigos d**e E**nriqu**e e**stán muy bi**en educados**, si**e**mpr**e** dan las gracias.

La Ee

¡Hay un **ele**fant**e** **e**norm**e** **e**ncima d**e** la **e**scal**e**ra!

La Ee

¿Qu**é** l**e** pasa a la mamá

d**e** **E**lisa?

(**e**stá **e**mbarazada)

Más palabras con Ee

estación

espejo

edificio

escritorio

Glosario

educado
persona agradable y respetuosa
con las demás.

enfermo
no encontrarse bien y sentir dolor
en alguna parte del cuerpo.

Índice

abdokids.com

¡Usa este código para entrar en abdokids.com y tener acceso a juegos, arte, videos y mucho más!

Código Abdo Kids:
EAK2998